W0321143

Sommaire

← François-Edmond Pâris (1806-1893)
Cascade près du Réduit à l'Ile de France
Voyage de la *Favorite*, 1830
Aquarelle sur papier
Collection Alix d'Hérouville d'Harcourt

Édition du musée national de la Marine
Directeur : vice-amiral Jean-Noël Gard
Directeur adjoint : Denis-Michel Boëll
Rédaction des textes : Denis-Michel Boëll, Amélie Halna du Fretay, Alain Niderlinder, Roland Pintat, Eric Rieth et Hélène Tromparent de Seynes
Coordination éditoriale : Virginie Alliot-Duchêne
Photographies réalisées par Sébastien Dondain et Arnaud Fux, photographes au musée national de la Marine, sauf pp. 3 (h.d.), 6, 8 © Service Historique de la Défense ; p. 11 © Laura Bogani ; p. 24 et 3e de couv. © Denis-Michel Boëll

Conception graphique et mise en page : Panni Demeter

Imprimé sur un papier Munken Lynx, certifié FSC, issu de forêts gérées durablement.
Achevé sur les presses de l'imprimerie DeckersSnoeck, février 2010

La fabuleuse collection de l'amiral Pâris

Grand marin du XIXe siècle, l'amiral Pâris (1806-1893) a mis en lumière la variété des cultures maritimes qui témoignent de l'incroyable ingéniosité des hommes à concevoir des bateaux adaptés à leurs besoins, à leur milieu naturel et à leur économie.
Ses plans, aquarelles, maquettes et ses écrits ont permis de définir un nouveau champ d'étude : l'ethnographie nautique.
Embarqué sur l'*Astrolabe*, la *Favorite* puis l'*Artémise*, il prend part à trois voyages autour du monde entre 1826 et 1840. Jeune officier et hydrographe, il met à profit son temps libre pour dessiner et étudier les bateaux de tous les peuples rencontrés.
Son intérêt pour les innovations technologiques, notamment la propulsion à vapeur, l'amène à prendre conscience de la disparition programmée des bateaux traditionnels.
Au retour de son dernier voyage au cours duquel il perd son avant-bras gauche, sa production scientifique et artistique lui permet de publier en 1843, l'*Essai sur la construction navale des peuples extra-européens* : c'est la synthèse de ses travaux sur ce sujet. Au cours d'une carrière où il accède aux plus hautes responsabilités dans la Marine, nombre d'ouvrages scientifiques, techniques et artistiques voient le jour dont le *Dictionnaire de marine à voiles et à vapeur* (1848), le *Catéchisme du marin et du mécanicien à vapeur* (1850), *Souvenirs de marine conservés* (1882-1908). Reconnu pour la dimension de son travail, il est de toutes les institutions où peuvent s'exprimer ses compétences, notamment l'Académie des Sciences dont il devient président en 1876.
L'amiral Pâris quitte le service actif en 1871 et est nommé conservateur du musée de la Marine, alors au Louvre. Pendant vingt-deux années, son activité est sans égale. Consacrant son salaire au musée, il fait don de quantité d'ouvrages, aquarelles, plans, photographies et maquettes, dont la majorité des cent cinquante modèles de bateaux extra-européens qu'il fait réaliser à partir de ses relevés.

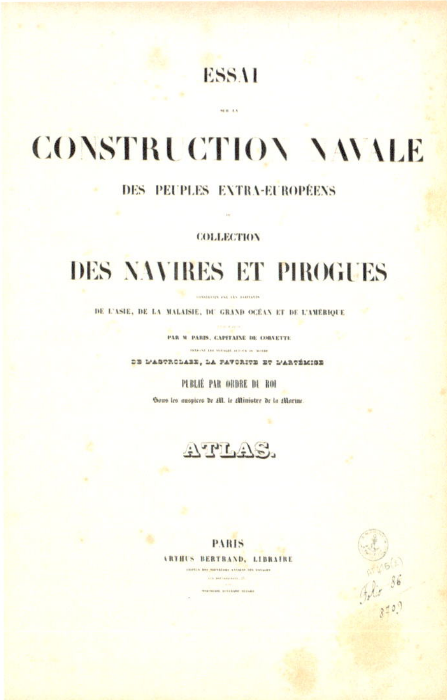

ESSAI

CONSTRUCTION NAVALE

DES PEUPLES EXTRA-EUROPÉENS

COLLECTION

DES NAVIRES ET PIROGUES

DE L'ASIE, DE LA MALAISIE, DU GRAND OCÉAN ET DE L'AMÉRIQUE

PAR M PARIS, CAPITAINE DE CORVETTE

DE L'ASTROLABE, LA FAVORITE ET L'ARTÉMISE

PUBLIÉ PAR ORDRE DU ROI

Sous les auspices de M. le Ministre de la Marine

ATLAS.

PARIS

ARTHUS BERTRAND, LIBRAIRE

LES SOURCES DOCUMENTAIRES À la différence des autres parties du monde, les bateaux européens sont renseignés grâce à l'apport d'un réseau de correspondants (ministres, officiers, constructeurs) permettant à l'amiral Pâris de rassembler un fonds exceptionnel de dessins, de descriptions et de plans de bateaux. Après avoir copié cette documentation de première main, Pâris fournit les plans pour servir à la construction des maquettes. Il publiera, au fur et à mesure, l'ensemble de ce travail dans ses *Souvenirs de marine conservés*.

← François-Edmond Pâris (1806-1893)
« La frégate l'Artémise avant son abattage en carène à Papaïti »
1839 • Aquarelles sur papier • Coll. Part.

↑ L. Rouillé
Portrait de l'amiral Pâris
Vers 1890 • Héliotypie • MnM 2005.5.3

↗ François-Edmond Pâris (1806-1893)
Essai sur la construction navale des peuples extra-européens
Paris : Arthus Bertrand éditeur, 1843 • Service Historique de la Défense, département Marine, VI - AT416 / Frontispice

→ Adolphe Joanne
Vue du musée ethnographique au musée naval du Louvre
1863 • Illustration in *Paris illustré, nouveau guide de l'étranger et du parisien*

« [Ils] déploient beaucoup d'adresse au passage des barres et manœuvrent bien avec la pagaie, mais ils emploient rarement la voile, parce que ces bateaux sont trop étroits : leur forme irrégulière dépend de l'arbre dans lequel on les a taillés »

F.-E. Pâris, *Essai sur la construction navale des peuples extra-européens*, 1843, p. 6

Afrique

Vaste continent encore largement inexploré par les Européens dans la première moitié du XIXe siècle, l'Afrique abrite, à cette époque, une multitude de cultures nautiques dont témoignent les activités de pêche et de transport, sur les lacs, les fleuves et en mer.
Ces cultures, en raison de la richesse forestière africaine, ont essentiellement produit différents types de pirogues entièrement ou partiellement monoxyles*. On observe, par exemple, des différences fondamentales de structure et de forme entre les pirogues des côtes du Sénégal, à coque monoxyle rehaussée de planches, et celles du lac Victoria dont seule la quille est d'une pièce.
François-Edmond Pâris ne remarque pas cette grande variété d'embarcations, construites et manœuvrées selon des techniques également très diverses en fonction de leur région d'origine. La brièveté de son séjour en Afrique explique en partie son unique relevé d'une pirogue. Témoignage isolé dans son œuvre, la pirogue de Gorée (Sénégal) demeure cependant le symbole des cultures nautiques africaines.

* Monoxyle : réalisé dans un seul tronc de bois.

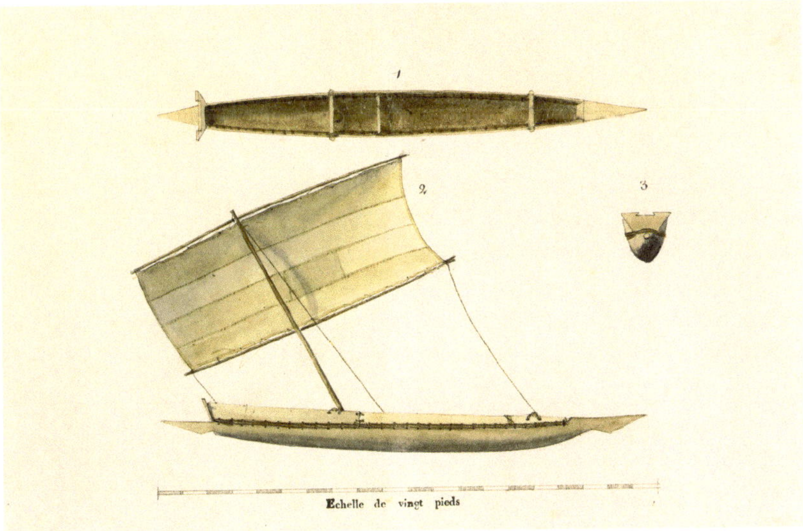

LA PIROGUE DE GORÉE Lorsque la *Favorite* effectue, en janvier 1830, une escale à l'île de Gorée, port de relâche des navires français en route vers l'océan Indien, Pâris y étudie une pirogue monoxyle de pêche en mer. Ce type d'embarcation porte parfois une petite voile ; sa structure générale s'est maintenue jusqu'à nos jours, même si le moteur hors-bord s'est substitué à la pagaie.

← Anonyme
Pirogue à Saint-Louis
Avant 1960 • MnM

↑ **Pirogue de Gorée, Sénégal**
1873, bois • Maquette à l'échelle 1/25 sous la direction de F.-E. Pâris
48,5 x 6 x 19,5 cm
MnM 1 EX 2

↑ François-Edmond Pâris (1806-1893)
Projection horizontale d'une pirogue de Gorée
Voyage de la corvette la Favorite *en 1830, 1831, 1832* • MnM B178 / Pl. 1

↓ Marius Perret (1853-1900)
« Départ des pirogues pour la pêche à Guet n'Dar (Sénégal) »
1891, huile sur toile
MnM 9 OA 173

« Les Béden-seyads sont très volages, et la moindre brise les fait incliner : aussi ne s'éloignent-ils pas de la terre et se servent rarement de la voile. Ils sont en très grand nombre sur la rade de Mascate, où ils se réunissent par bandes pour tirer de grans filets »

F.-E. Pâris, *Essai sur la construction navale des peuples extra-européens*, 1843, p. 16

Arabie

Avec leur poupe haute, leur étrave élancée et leurs voiles trapézoïdales, les boutres étaient au temps de F.-E. Pâris des figures emblématiques de l'océan Indien, et le sont restés jusqu'à la fin du XXe siècle.

Très variés, ils ont été classés par les Européens en deux grandes catégories, selon la forme de leur coque : la première regroupait les bateaux à poupe carrée, forme témoignant d'influences européennes, comme les *baghla*, grands boutres de commerce du golfe Persique ou les *sanbuq* de commerce et de pêche de la mer Rouge. La deuxième catégorie était celle des bateaux à poupe pointue, relevant d'un héritage local, parmi lesquels le *badan* de pêche de Mascate, dont les assemblages cousus en fibre de coco étaient caractéristiques des méthodes de construction traditionnelles de la région.

Construits en bois de teck d'Inde, les boutres de haute mer transportaient des cargaisons de dattes et de poissons séchés vers l'Afrique ou l'Inde, d'où ils revenaient chargés de bois de construction, d'épices ou de produits manufacturés. D'autres types de boutres étaient utilisés près des côtes pour la pêche et le cabotage. Tous ces voiliers étaient tributaires du rythme des moussons pour la navigation.

L'avènement de l'ère pétrolière a bouleversé les modes de vie et les échanges commerciaux dans la région. Suite à ces changements, ainsi qu'à l'arrivée de la motorisation qui a entraîné la disparition des gréements, les boutres en bois, beaucoup moins nombreux, subsistent sous des formes modifiées.

↙ François-Edmond Pâris (1806-1893)
«Beden seyad, halant des filets. Baggala et dungiya à la voile»
Essai sur la construction navale des peuples extra-européens
Paris : Arthus Bertrand éditeur, 1843 • Service Historique de la Défense, département Marine, VI - AT416 / Pl. 9

↖ ***Dungiyah*, bateau indien observé à Mascate**
1874 • bois peint et fibres végétales • Maquette réalisée à l'échelle 1/33, sous la direction de F.-E. Pâris • 71.5 x 23.3 x 85.5 cm • MnM 3 EX 7

↑ Anonyme
Baghla en carénage à Colombo
Milieu XXe siècle • Tirage baryté, 14,3 x 8,7 cm MnM

↓ ***Quffah* du Tigre**
XIXe siècle, osier, feuilles de palmier, bitume
Bateau à l'échelle 1/1
58 (H.) x 163 (diam.)
MnM 3 EX 9

DES BATEAUX INSOLITES Dans plusieurs régions du monde où le bois manque, les hommes construisent des bateaux à base de matériaux tressés. Ils sont appelés bateaux-paniers par référence à leur structure en vannerie. Les plus insolites sont de forme ronde. Au Moyen-Orient, les *quffah*, bateaux-paniers circulaires fabriqués en feuilles de palmiers tressées et rendus étanches par une couche extérieure de bitume, ont été utilisés pour le transport du grain sur le Tigre et l'Euphrate jusqu'au milieu du XXe siècle. Bien loin de là, au Vietnam, des bateaux-paniers à coque de bambou tressé enduite de résine végétale sont encore utilisés de nos jours sur le littoral.

Inde
Sri-Lanka

À côté de l'Inde éternelle de l'imaginaire occidental, il existe une Inde méconnue : celle de la mer et des fleuves. F.-E. Pâris y a observé une grande diversité de types de bateaux. Fait remarquable, beaucoup de ces bateaux sont encore utilisés de nos jours sous une forme inchangée par les pêcheurs artisanaux, encore très nombreux sur les côtes indiennes.

Au XIXe siècle, les ports de la côte ouest de l'Inde fourmillaient d'une intense activité commerciale. L'abondance dans la région du bois de teck aux qualités exceptionnelles a été mise à profit par les charpentiers, qui ont construit toutes sortes de bateaux, depuis les pirogues de pêche ou de transport, monoxyles ou à bordages cousus, jusqu'aux petits caboteurs marqués d'influences arabes ou européennes.

Sur la côte est de l'Inde, les *masula*, petits bateaux dont le fond plat facilitait l'échouage sur la plage, étaient utilisés pour transporter passagers et marchandises à terre en l'absence de ports protégés. Un assemblage cousu leur donnait une souplesse adaptée au franchissement de la barre dangereuse qui ceinture cette côte. Des *masula* très similaires servent encore aujourd'hui aux pêcheurs, tout comme les *kattumaram*, simples radeaux de pêche formés de trois à sept pièces de bois assemblées par du cordage, également observés par Pâris.

Au Sri Lanka, les formes étaient variées, mais possédaient un point commun : toutes comportaient des assemblages cousus, de l'*oruwa*, étroite pirogue de pêche à voile et à balancier, au caboteur à balancier. Aujourd'hui, l'*oruwa* est toujours présent sur la côte sud-ouest de l'île.

LE BANGLADESH, UN DELTA ANIMÉ Des cultures nautiques originales se sont développées dans le delta du Gange, du Brahmapoutre et de la Meghna, qui forme le territoire à dominante fluviale de l'actuel Bangladesh. Les chantiers navals y ont conservé jusqu'à une date récente leurs traditions de construction, en particulier l'utilisation d'agrafes métalliques pour l'assemblage des coques, technique observée par Pâris en 1838 à Calcutta sur les *pansway* et les *patile* de transport. L'association Friendship-Bangladesh préserve aujourd'hui la mémoire des bateaux de la région dans le cadre d'un « musée vivant » fondé en 2007 près de Dacca.

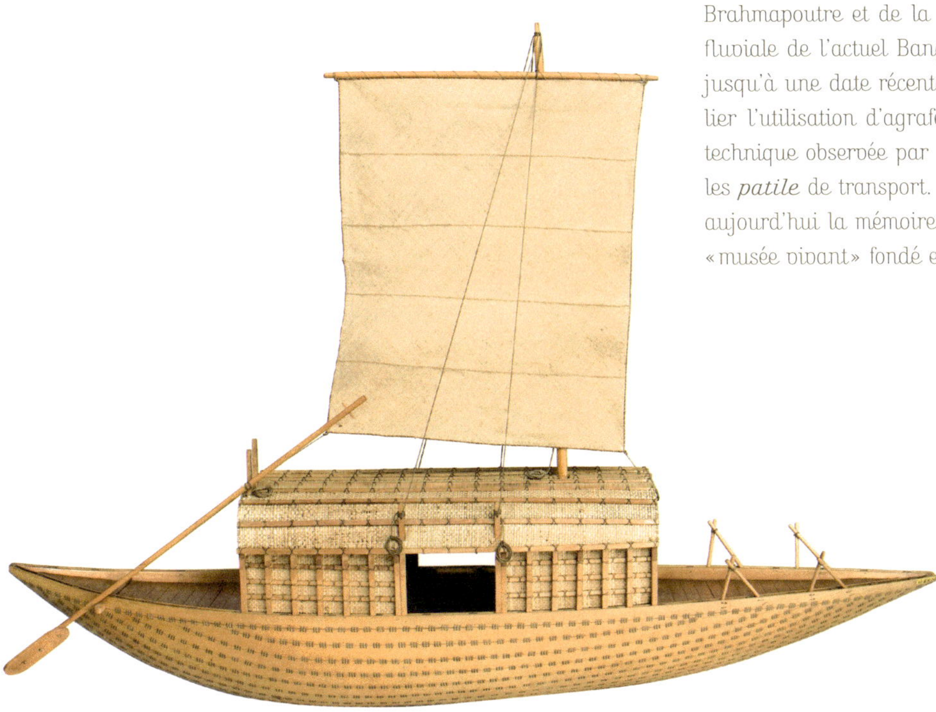

← François-Edmond Pâris (1806-1893)
« Chelingue accostant à Madras »
Essai sur la construction navale des peuples extra-européens • Paris : Arthus Bertrand éditeur, 1843 • Service Historique de la Défense, département Marine, VI - AT416 / Pl. 28

↖ ***Pansway*, bateau de passages à agrafes métalliques de Calcutta**
1876 • bois, fibre végétale et fer • Maquette à l'échelle 1/16.6, sous la direction de F.-E. Pâris
78 x 17.5 x 54 cm • MnM 11 EX 10

↑ **Pirogue de pêche à balancier (*oruwa*) de Ceylan**
1848 • bois et fibre végétale • Maquette à l'échelle 1/16.6, sous la direction de F. -E. Pâris
65 x 67.5 x 5 cm
MnM 7 EX 2

← Anonyme
Pirogue à balancier, île de Ceylan
1907 • MnM 2007 55 1

Asie du Sud-Est

La péninsule indochinoise a été longtemps marquée par les cultures navales khmères et chams, aux origines très anciennes. F.-E. Pâris et son fils Armand ont identifié les bateaux caractéristiques des principales régions fluviales et maritimes d'Asie du Sud-Est.
Sur le Mékong, les *ghé ca vom*, souvent qualifiés de « sampans » par les Européens, étaient façonnés dans de grands troncs d'arbres. Leur coque était ensuite élargie et surélevée par l'adjonction de planches. Ces bateaux se pressaient par centaines dans le chenal de Saïgon.
Déployant leurs voiles gréées en houari, les *ghé bau* assuraient des liaisons commerciales entre le sud du Vietnam et la capitale Huê. Au nord, dans le golfe du Tonkin, les caboteurs portaient un gréement latté influencé par la culture navale chinoise.
Dans la partie centrale du Vietnam, les *ghé-you* se singularisent par leur coque mixte. En effet, dans cette région baignée par les eaux chaudes où prolifèrent les tarets et où l'usure des coques en bois est très rapide, les Vietnamiens ont imaginé des coques amovibles en bambou, pouvant être remplacées régulièrement.
Par ailleurs, le long d'une côte où l'échouage sur des bancs de sable est fréquent, les constructeurs navals ont conçu des coques cousues dont la souplesse facilite le halage sur les plages.

AU CŒUR DE LA SPIRITUALITÉ Au Vietnam, le bateau est toujours considéré comme un être vivant qui possède une âme. Il est construit et mis à l'eau accompagné de rituels qui lui assurent la protection des génies et des ancêtres. Des yeux ornent sa proue pour discerner les dangers des profondeurs. Ils lui sont retirés et sont déposés pieusement sur l'autel lorsqu'il est démoli.

← François-Edmond Pâris (1806-1893)
« Gay Yew se laissant dériver et courant tribord amures, Cochinchine »
Voyage de la Favorite *en 1830, 1831, 1832*, aquarelle
MnM B 178

↖ Laura Bogani
Autel des ancêtres (chantier naval de Nha Bé)
1995 • Coll. Part.

↑ **Sampan de la rivière de Saïgon**
1876, bois et fibre végétale
Maquette à l'échelle 1/25 sous la direction de F.-E. Pâris • 41 x 7 x 7,8 cm
MnM 17 EX 3

← François-Edmond Pâris (1806-1893)
« Touranne. Autres petits caboteurs de la côte de Cochinchine à la voile et petits bateaux de Tourane »
Voyage de la Favorite *en 1830, 1831, 1832*
aquarelle
MnM B 178 / Pl. 83

Insulinde

Du détroit de Malacca à la Nouvelle-Guinée, et du nord de l'Australie au sud du Japon, se déploie un immense archipel de plus de 25 000 îles. La culture navale de Java, héritière d'un glorieux passé remontant au xe-xve siècles, a laissé une empreinte très profonde sur les bateaux de cette zone.

Pour autant, cette région d'échanges placée au carrefour d'influences multiples (arabes, chinoises, et indiennes), fut à partir du xviie siècle sillonnée par les bateaux européens. Les constructeurs navals locaux firent des emprunts à toutes ces cultures maritimes. Il en a résulté une très grande diversité de morphologies de bateaux. Ainsi, la voile aurique européenne ou la voile lattée chinoise coexistent avec les formes de coques renflées, le mat tripode* ou le système de gouverne latéral issus de la tradition ancestrale javanaise. La permanence de la culture maritime de Java s'avère plus manifeste encore dans le domaine des petites embarcations telles que les pirogues à balancier double, comme les *praos bedouang*.

L'emprunt de formes à d'autres cultures navales va de pair avec la persistance d'une tradition locale. Métissage ne signifie pas acculturation.

* Tripode : en forme de trépied.

Exposition organisée par le musée national de la Marine, avec le soutien de DCNS

Direction du musée national de la Marine
Vice-amiral Jean-Noël Gard, directeur
Denis-Michel Boëll, conservateur général du Patrimoine, directeur-adjoint

Commissariat
Alain Niderlinder, conservateur-adjoint, musée national de la Marine
Roland Pintat, conservateur des Bibliothèques
Hélène Tromparent-de Seynes, conservateur en chef, musée national de la Marine
Amélie Halna du Fretay, chargée de mission, musée national de la Marine

Comité scientifique
Denis-Michel Boëll, conservateur général du Patrimoine
Sean McGrail, professeur émérite d'archéologie maritime, universités d'Oxford et de Southampton
Philippe Peltier, professeur des universités, conservateur en chef, responsable des collections Océanie au musée du quai Branly
Eric Rieth, directeur de recherche au CNRS, chercheur associé au musée national de la Marine

Coordination
Agnès Takahashi
Corinne Jez-Namont

Régie des collections
Olivier Laville

Restauration et soclage
Bernard Boucheron, Denis Champeau, Claire Fauveau, Jean-Michel Letenoux

Programmation culturelle et médiation, audioguidage
Anne-Charlotte Eriau, Didier Frémond, Sybille Lewandowska, Murielle Machicot

Scénographie
MAW

Graphisme
CL Design

Production audiovisuelle
Drôle de trame

Eclairage
ACL, Alexis Coussement, avec le concours d'Olivier Le Menn

Accrochage
Sandro Della Noce et son équipe

Encadrement
Cadrexquis

Agencement
S.E.D.

Réalisation graphique
Duograph

Le musée national de la Marine exprime sa vive gratitude aux musées, bibliothèques, associations, entreprises, collectionneurs, personnes privées, qui par des prêts généreux ont permis à cette exposition de voir le jour :

Association Corentin-Le Lougre de l'Odet, Quimper
Association Friendship, Dacca, Bangladesh
Association Itsas Begia, Ciboure

Bibliothèque nationale de France
Service Historique de la Défense

Centre Camille Jullian, Maison méditerranéenne des Sciences de l'Homme, Aix-en-Provence

Conseil général de la Manche/ musée maritime de l'île de Tatihou
Musée national des Arts asiatiques-Guimet
Musée du quai Branly
Musées d'Art et d'Histoire, La Rochelle
Polish Maritime Museum, Gdansk
Port-musée, Douarnenez

Mme Laura Bogani
M. Robert de Cantelar
Mme Monique Gessain
Mme Alix d'Hérouville d'Harcourt
M. Henry Kerisit
M. Frédéric Lontcho
M. Guy Prigent
M. François Renault
M. François Vivier

Cabinet Van Peteghem-Lauriot-Prévost

Et celles et ceux qui ont souhaité demeurer anonymes.

Les organisateurs témoignent aussi leur reconnaissance aux auteurs, réalisateurs, producteurs des films diffusés dans l'exposition :

Association Itsas Begia
BCRM, Brest
Jérôme Blumberg
Corinne Bondu
Bui Thi Mai et Michel Girard
Marie-José Corajoud
CPAR Atlantique
Euskal Telebista
Gédéon Programmes
Institut de communication audiovisuelle de Polynésie française
Philippe Lallet
Marine nationale
Musée de Tahiti et des Iles
Musée maritime de l'île Tatihou
Musée maritime d'Osaka
Patly Productions
Port-musée, Douarnenez

Sangha Productions
SIRPA Marine
Thalassa
Unesco, Systèmes de savoirs locaux et autochtones (LINKS)
Marc Van Peteghem
Frédéric Variot

Que soient également remerciés pour leur aimable collaboration :

Natacha Abriat-Baudin, Sylvie Aubenas, Mathilde Banse, Géraldine Barron, Marie-Claire Bataille-Benguigui, Hélène Bayou, Véronique Béranger, François Bergeron, Celia Casado, Hervé Cauchy, Kelig-Yann Cotto, Jean-Louis Dauga, Thierry Delcourt, Marie-Pierre Demarcq, Christine Desoutter, Sébastien Dondain, Pierre Donnars, Dominique Duguet, Arnaud Fux, Dominique Garcia, Jacques Giès, Antton Goicoechea, Thierry Grillet, Hélène Guiot, Tara Hiquily, Marcelin Hodeir, Laurence Jonard, Contre-amiral Franck Josse, Catherine Junges, Katrina Kelshall, Guillaume Creis, Marie-Lise Lahaye, Jerzy Litwin, Jean-Pierre Madamet, Annie Madet-Vache, Maître principal François Marcel, Yves Marre, Runa Khan Marre, Stéphane Martin, Angelina Meslem, Stéphane Millière, Agnès Mirambet-Paris, Mathilde Moebs, Marjolaine Mourot, Douglas Nakashima, Annick Notter, Philippe Paul, Dominique Pipat, Philippe Peltier, Patrice Pomey, Dominique Rabotteau, Bruno Racine,Général Gilles Robert, Patricia Rubillais, Françoise Simeray, Frédéric Soltan, Capitaine de vaisseau Serge Thébaut, Véronique de Touchet, Tom Vosmer, Krzysztok Zamoscinski

Liste des oeuvres exposées

NB : La mention « fonds Pâris » signifie que la maquette a été réalisée sous le direction de François-Edmond Pâris.

Prologue

Bateau de pêche de la côte de Malabar (côte ouest de l'Inde)
Bateau à l'échelle 1/1
Avant 1967
Bois, fibres végétales, bambou, cuivre
Polish Maritime Museum, Gdangsk Pologne, CMM/BO/107/A-F

Plate du lac de Grand-Lieu
Bateau à l'échelle 1/1
Par Emile LEBEAUPIN, constructeur
Vers 1960
Bois, fibres végétales
Port-Musée, Douarnenez, 1988.19

Kayak du Groenland
Bateau à l'échelle 1/1
Avant 1837
Bois, peau de phoque
MnM 1 BS 15

Pirogue de l'île Donyong, archipel des Anambas. Indonésie
Bateau à l'échelle 1/1
Avant 1825
Bois
MnM 23 EX 1

Vie et travaux de l'amiral Pâris

Alexandre-Joseph OLIVA (Saillagouse, 1823 - Paris, 1898)
Buste de l'amiral Pâris
1879
Marbre
MnM 41 OA 46

Portrait de l'amiral PÂRIS
Vers 1890
Héliotypie L. Rouillé
MnM 2005.5.3

Portrait de l'amiral PÂRIS
Vers 1860
Lithographie de Charpentier d'après une photographie de P. Petit
MnM 2009.2.6

Alphonse LIEBER (1827-1913)
Portrait de l'amiral PÂRIS
Photographie sur papier albuminé
Vers 1885
MnM 2006.5.12

Emile Charles LECOMTE-VERNET (1821-1900)
Portrait de l'amiral Pâris
Vers 1880
Huile sur toile
Collection particulière

Attribué à Françoise Virginie BERSOLLE (1778-1870)
Portrait de François-Edmond Pâris enfant
Vers 1816
Pastel sur papier
Collection particulière

L'école des grands voyages

François ROUX (Marseille, 1811-Marseille, 1882)
Astrolabe
1881
Aquarelle sur papier
MnM 23 OA 10

Jules DUMONT d'URVILLE
Voyage de la corvette l'Astrolabe exécuté pendant les années 1826-1827-1828-1829 – Atlas historique, Paris, J.Tastu, 1833
MnM B181 et 182

François ROUX (Marseille, 1811-Marseille, 1882)
Favorite, 1830
1877
Aquarelle sur papier
MnM 19 OA 23

Cyrille-Pierre-Théodore LAPLACE
Voyage autour du monde par les mers de l'Inde et de la Chine, exécuté sur la corvette de l'Etat la Favorite pendant les années 1830, 1831 et 1832 – Atlas historique, Paris, Arthus Bertrand, 1835
MnM B 97

Cyrille-Pierre-Théodore LAPLACE
Voyage autour du monde par les mers de l'Inde et de la Chine, exécuté sur la corvette de l'Etat la Favorite pendant les années 1830, 1831 et 1832,
Paris : Imprimerie Royale, 1833-1840,volumes imprimés in 8° et deux atlas.
Acheté grâce au mécénat de la Fondation d'Entreprise Groupe Banque Populaire
MnM R13452(1-5), B4031, B4032

François ROUX (Marseille, 1811-Marseille, 1882)
Artémise commandée par Laplace. 1837
1877
Aquarelle sur papier
MnM 19 OA 22

François-Edmond PÂRIS (Paris, 1806-Paris, 1893)
La frégate l'Artémise abattue en carène à Papaïti
1839
Aquarelle sur papier
MnM 2008.53.7

Rapport du directeur des ports au ministre de la Marine sur l'accident de FE Pâris. 1838
Service Historique de la Défense – département Marine.
CC7 alpha 1908

Cyrille-Pierre-Théodore LAPLACE
Campagne de circumnavigation de la frégate l'Artémise, pendant les années 1837, 1838, 1839 et 1840 sous le commandement de M. Laplace, Paris, Arthus Bertrand, 1841
MnM R 5214

Carte de la baie Tupinier. Archipel des Anambas. Indonésie
Levée et dressée par l'enseigne de vaisseau Pâris en mars 1830
Voyage de la *Favorite* commandée par Laplace (1830-1832)
Gravure
MnM SHOM n° 814

Instruments d'étui de navigation
Milieu XIXe siècle
Bois, métal, laiton,
MnM 9 NA 2

Cercle de réflexion ayant appartenu à Dumont d'Urville
Vers 1810
Jecker à Paris n° 134
Laiton, argent, verre
MnM 11 NA 25

Sondeur LECOËNTRE à cadran
Milieu XIXe siècle
P. Dufresne et Cie fabricants
Laiton, plomb
MnM 7 NA 3

François-Edmond PÂRIS
Essai sur la construction navale des peuples extra-européens ou collection des navires et pirogues construits par les habitants de l'Asie, de la Malaisie, du Grand Océan et de l'Amérique, dessinés par M. PÂRIS, capitaine de corvette, pendant les voyages autour du monde de l'Astrolabe, la Favorite et l'Artémise, publié par ordre du Roi, sous les auspices de M. le Ministre de la Marine. Tome I et II, texte et atlas
Paris, Arthus Bertrand, 1843
MnM B 42

Pâris et le monde industriel

François ROUX (Marseille, 1811-Marseille, 1882) Bâtiment à vapeur de l'Etat le Castor commandé par M. E. Pâris, lieutenant de vaisseau. 1836
1836
Aquarelle sur Papier
MnM 19 OA 29

Francois ROUX (Marseille, 1811-Marseille, 1882) Archimède, 1842
1882
Aquarelle sur papier
MnM 19 OA 31

Gustave LE GRAY (Villiers le Bel, 1820 - Le Caire, 1884) Le yacht Impérial Reine Hortense dans le bassin du Havre
1856
Photographie sur papier albuminé
MnM 2005.10.1

Ordre donné au contre-amiral Pâris de se rendre en Angleterre. 1859
Service Historique de la Défense – Département Marine.
CC7 alpha 1907

Le paquebot Great Eastern
1857
Lithographie de Leighton Brothers d'après Edwin Weedon
MnM 2009.1.7

Modèle de machine à vapeur de marine
1862
Jack & C, Liverpool
Bois, fer, alliages cuivreux
MnM 17 CN 7

François-Edmond PÂRIS
L'art naval à l'exposition universelle de Londres de 1862 : état actuel de la Marine par M. le Contre-Amiral PÂRIS, membre du jury international. Atlas.
Paris, Arthus Bertrand, [1863]
MnM B 113

François-Edmond PÂRIS
L'art naval à l'Exposition Universelle de Paris en 1867,
Paris, Arthus Bertrand, 1869
MnM J 320

François-Edmond PÂRIS
L'art naval à l'Exposition Universelle de Paris en 1867 augmenté des derniers perfectionnements et inventions maritimes jusqu'en 1869,
Paris, Arthus Bertrand, [186-?]
MnM B 120

Machine marine à bielles de retour
1862
Epreuve anonyme sur papier albuminé
Exposition universelle de Londres 1862
MnM 2009.29.11

Machine marine de 300 chevaux nominaux
1867
Epreuve anonyme sur papier albuminé
Exposition Universelle de Paris. 1867
MnM 2009.29.7

Pierre-Marie-Joseph BONNEFOUX, François-Edmond PÂRIS
Dictionnaire de marine à voiles et à vapeur, Tomes I et II,
Paris, Arthus Bertrand, 1848
MnM J 288 et 289

François-Edmond PÂRIS
Traité de l'hélice propulsive,
Paris, Arthus Bertrand, 1855
MnM J 418

François-Edmond PÂRIS
Utilisation économique des navires à vapeur, Paris, Arthus Bertrand, [1871]
MnM J 17

Nomination du contre-amiral Pâris à la Commission des Phares. 1862
MnM

La Commission des Phares en 1863
Epreuve anonyme sur papier albuminé
1863
MnM 2007.2.1

Invitation de l'amiral Pâris à l'inauguration du canal de Suez. 1869
MnM

Forges et Chantiers de la Méditerranée - Travaux du canal maritime de Suez Lancement d'une grande drague - Chantier de Port-Saïd
Montage des élévateurs de déblais – Chantier de Port – Saïd
Epreuves sur papier albuminé
MnM 2010.2.2 et MnM 2010.2.1

François-Edmond PÂRIS
Notice du plan en relief du canal maritime de Suez exposé dans la salle de Lesseps, musée de Marine au Louvre, Paris, Charles de Mourgues frères, 1875
MnM V 364

Pâris conservateur du musée de la Marine au Louvre

François-Edmond PÂRIS
Le Musée de Marine du Louvre, Paris, J.Rothschild éditeur, 1883
MnM B 2454

Avis de souscription de l'ouvrage « Souvenirs de marine conservés » par l'amiral PÂRIS
Vers 1892
Gauthier-Villars et fils, éditeur-imprimeur
MnM 2009.1.10

François-Edmond PÂRIS
Souvenirs de Marine-Collection de plans ou dessins de navires et de bateaux anciens et modernes, première partie, Paris : Gauthier Villars, 1882
MnM B 83 et 2204

François-Edmond Pâris
Notes sur les torpilles et les monitors
Avant 1893
MnM B 157

Phare de Walde
Maquette au 1/25
Par Auguste PENAUD
Fonds PÄRIS
1877
MnM 19 PA 4

Chébec à gréément carré dit « mistic »
Maquette au 1/25
Par Eugène GUERET
Fonds PÂRIS
1877
MnM 13 MG 15

Sculpture provenant de Nouvelle-Calédonie
Avant le XXe siècle
Bois
MnM 39 EX 23

Sculpture provenant de Nouvelle-Calédonie
Avant le XXe siècle
Bois
MnM 39 EX 25

Panneau d'entrée de maison canaque, Nouvelle-Calédonie
Avant le XXe siècle
Bois
MnM 39 EX 26

Boîte à plumes en forme de pirogue, Nouvelle-Zélande
Collectée lors du voyage de l'*Astrolabe* (1828-1829)
Bois
MnM 1 BF 24

Canoë canadien Huron-Wendat
Maquette
Avant 1826, Canada
Ecorce de bouleau, poils d'élan
MnM 1 BF 13

Pirogue
Maquette
Avant 1856, proviendrait de Nouvelle-Zélande
Bois
MnM 35 EX 9

Ganesh
Elément d'un bois de char processionnel ?
Avant le XXe siècle, Inde du sud
Bois
MnM 9 SO 63

Girouette de jonque chinoise
Avant 1885, Vietnam
Bois coton
MnM 39 EX 13

François-Edmond Pâris
Notices des collections Chinoise et Japonaise
Avant 1893
MnM

Bateau chinois en mer
Avant 1856, Chine
Jade vert sculpté, jade blanc sculpté, bois
Ancienne collection Charles de Montigny
MnM 1 BF 14

Vase
Avant 1856, Chine
Porcelaine
Ancienne collection Charles de Montigny
MnM ethno 722 (S 12/9.1)

Vase en forme de pirogue, Îles Tonga
Avant 1828
Bois
Collecte Peter Dillon
MnM 1 BF 25

Casses-tête, Nouvelle-Calédonie
Avant le xxe siècle
Bois
MnM 41 EX 24 à 27

Casse-tête, Îles Salomon
Avant 1847
Bois
MnM 41 EX 7

Cage à oiseaux en forme de « bateau de fleurs »
Avant 1842, Chine
Bois, métal
MnM 1 BF 23

YOUQUA
Actif à Canton au milieu du XIXe siècle
Portrait de Ki-Ying, vice-roi de Canton
Huile sur toile
1844
MnM ethno 1004

Le cabinet des dessins

Oeuvres de François-Edmond PÂRIS (Paris, 1806 – 1893)

Aquarelles de l'album du voyage de la corvette la *Favorite*, 1830-1831-1832
MnM B 178

Inde-Côte de Coromandel-Petit bateau caboteur de Pondichéri au plus près tribord amures [pl 5]
Inde-Côte de Coromandel-Schellingue échouée sur la plage à Pondichéri [pl 7]
Inde-Côte de Golconde-Bateau de transport de Godaveri au plus près tribord amure [pl. 12]
Détroit de Malacca-Pulo Pinang-Prao malais courant grand largue [pl. 17]
Détroit de Malacca- Singapour-Sampanns Poucatt au mouillage et à la voile [pl. 22]
Détroit de Malacca- Singapour-Lantcha, bateau caboteur du détroit au mouillage [pl. 23]
Détroit de Malacca-Petit bateau caboteur des environs de Singapour [pl. 24]
Philippines-Manille-Bateau de passage de Manille à Cavite [pl. 29]
Philippines-Manille-Banka, petit bateau de passage de Manille [pl. 41]
Philippines-Manille- Bateau léger et bateau de pêche de la baie de Manille à la voile [pl. 43]
Philippines-Manille- Taraya, machine à pêcher [pl. 47]
Chine-Province de Canton-Bateaux de la rivière servant à pêcher des coquilles d'huître et des objets perdus [pl. 68]
Chine-Tchampha-Bateau de la province du Tcheou-kiâo [pl. 73]
Cochinchine-Touranne-Gay-Yew, se laissant dériver et courant tribord amures [pl. 79]
Golfe du Tunquin-Bateaux caboteurs de la côte de Tonkin [pl. 85]
Java- Sourabaya-Bateaux caboteurs louvoyants [pl. 89]
Java- Sourabaya- Tjomping, bateau de charge [pl. 98]
Java-Banyou Wangui-Bateau malais recevant le feu [pl. 100]
Java-Bateaux caboteurs de Macassar vus à Bezouki [pl. 101]
Java-Bezouki-Prao Bedouang, bâteau de pêche [pl. 104]
Valparaizo-Pirogues de Valparaizo [pl. 111]

Vues dessinées pendant le voyage de la corvette la *Favorite*, 1830-1832
Aquarelle sur papier

Cascade près du Réduit à l'Île de France [Île Maurice], 1830, collection Alix d'Hérouville d'Harcourt
Vue de la rivière de Malacca (Malaisie), MnM 2008.53.1
Vue du pont de Malacca (Malaisie), MnM 2008.53.2
Confluent de la rivière de San Juan del Monte et de celle de Passi. Manille, MnM 2008.53.3

Planches de l'album du voyage de la frégate l'*Artémise*, 1837-1840
Aquarelle et gouache sur papier
Collection particulière

Cocotiers
Rochers
Porte de l'est de la pagode à Chillanbaran
Intérieur de la porte du Nord (Elephanta)
Petit temple indien sur les bords du Gange entre Calcutta et Chandernagor, septembre 1837

Vues dessinées pendant ou après le voyage de l'*Artémise*, 1837-1840
Aquarelle sur papier

Tour de Gualmesi entre Gibraltar et Tarifa, MnM 2008.53.5
Etablissement pénitentiaire de Port-Arthur. Terre de Van Diemen, MnM 2008.53.6
Mission de San Carlos aux environs de Monterey, MnM 2008.53.11
Eglise de la Conception détruite par un tremblement de terre. Chili, MnM 2008.53.9
Eglise de Nostra Sa Da Gloria près de Rio de Janeiro, MnM 2008.53.10
Hong-Kong vu de l'Est en 1838, collection particulière

Panoramas

Panorama développé de la rade de Toulon
Vers 1846
Graphite, encre, aquarelle et gouache sur papier
MnM 15 OA 78

Panorama de la rade de Toulon
1846
Graphite sur papier
Collection Alix d'Hérouville d'Harcourt

Baie de Rio de Janeiro
Vers 1840
Graphite, encre, aquarelle et gouache sur papier
MnM 15 OA 83

Port Saïd, panorama
1869
Graphite, encre, aquarelle et gouache sur papier
MnM 15 OA 80

Ismaïlia, vue générale le jour de l'inauguration du Canal Maritime Universel de Suez
Vers 1870
Graphite, encre, aquarelle et gouache sur papier
MnM 15 OA 82

Oeuvres d'Armand PÂRIS (Paris, 1843 - Le Pirée 1873)

Album de dessins d'Armand Pâris, 1853 :
Planche : Penfeld, 28 mars 1853, MnM 2008.53.13.4

Album « Navires d'Armand, originaux au crayon et à la plume » :
Planche : Youyou au plus près [pl. 19], MnM 2008.53.14.41

Album factice de dessins d'Armand Pâris :
Planche : Vue plongeante sur le pont d'un voilier, MnM 2008.53.12.25
Planche : Pêcheurs au chalut du Havre, Honfleur, MnM 2008.53.12.26

Album n°1 « Voyage du *Bayard* et de la *Pallas* » :
Planche : Vue de Taboga. Panama, 1862 [pl. 5], MnM 42264

Album n°2 « Voyage du *Bayard* et de la *Pallas* » :
Planche : Campement de Fuégiens à Playa Panda, détroit de Magellan, 1862, MnM J 104

Oeuvres de Léon PÂRIS (Paris, 1847 - 1900)

Portrait de Maïta. Tahiti
1868
Graphite sur papier
MnM 42249

Planches de l'album « Souvenirs de la *Bellone*, 1870-1872 »
Graphite et aquarelle sur papier
MnM 42249

Femme Peule [pl. 12]
Gabon, juillet 1871 [pl.28]
Intérieur de chambre d'officier [pl.40]
Chasseurs se chauffant [pl. 43]

Scènes de vie à bord
Avant 1878
Eau-forte

Piquez Midi ! MnM 2009.68.1
La Prière, MnM 2009.68.3
Les Sacs, MnM 2009.68.4
Le Diner, MnM 2009.68.8
La Mêche, MnM 2009.1.24

Afrique

Marius PERRET (Moulin, 1853 – Sinanglaïa, 1900)
Départ des pirogues pour la pêche à Guet n' Dar. (Sénégal)
1891
Huile sur toile
MnM 9 OA 173

Pirogue de Gorée, Sénégal
Maquette au 1/25
Fonds PÂRIS
1873
MnM 1 EX 2

François-Edmond PÂRIS (Paris, 1806-1893)
Sénégal/Gorée/Projection horizontale et verticale d'une pirogue de Gorée
1830
Aquarelle sur papier
Album du voyage de la corvette la *Favorite*
MnM B 178.1

Pirogue cousue du lac Victoria, Kenya
Maquette
Avant 1905
MnM 1 EX 7

Contrepoint : du relevé à la maquette

Armand PÂRIS (Paris, 1843 – Le Pirée 1873)
Relevés d'un funé japonais,
MnM 2010.0.1 et 2010.0.2
Relevé d'un bateau d'Osaka,
MnM 2010.0.3
Graphite sur papier
1869

François-Edmond PÂRIS
(Paris, 1806-1893)
Bateau japonais nommé Funé
Plan de modélisme d'après les relevés d'A. Pâris
Encre sur papier
1871
MnM B7.9

François-Edmond PÂRIS
Japon. Navire nommé Funé. Mesuré à Kobé en 1868 par Mr. A. Pâris, Lieutenant de Vaisseau
Plan original pour *Souvenirs de Marine Conservés*
Encre sur papier
vers 1871
MnM 8025

Funé, grand caboteur japonais
Maquette au 1/50
Fonds PÂRIS
MnM 21 EX 6

Arabie

Charles FOUQUERAY (Le Mans, 1869-Paris, 1956)
Mascate
1ère moitié du XXe siècle
Huile sur toile
MnM 11 OA 250

Charles FOUQUERAY
Océan Indien, Ceylan
Album d'aquarelles
1921
MnM 2009.12.0

***Sanbuq*, barque arabe de la mer Rouge**
Maquette au 1/25
1879
MnM 3 EX 1

Bateau de pêche de Moka (Yémen)
Maquette au 1/16,6
1875
MnM 3 EX 3

***Baghla*, navire de commerce de Mascate (Oman)**
Maquette au 1/50
1873
MnM 3 EX 6

***Garoo-kuh*, caboteur et bateau de pêche de Mascate (Oman)**
Maquette au 1/25
1876
MnM 3 EX 4

***Badan safar*, bateau de pêche de Mascate (Oman)**
Maquette au 1/25
1873
MnM 3 EX 5

***Dungeyah*, bateau de commerce du golfe de Kutch (Inde)**
Maquette au 1/33
1874
MnM 3 EX 7

Contrepoint : des bateaux insolites

***Quffah* ou bateau-panier du Tigre (Iraq)**
Bateau au 1/1
XIXe siècle
Osier, feuilles de palmier, bitume
MnM 3 EX 9

Bateau-panier de Tourane [auj. Danang] (Vietnam)
Maquette au 1/16,6
Fonds PÂRIS
1876
MnM 17 EX 16

François-Edmond PÂRIS
(Paris, 1806-1893)

Cochinchine-Touranne-Gay-Yew, se laissant dériver et courant tribord amures [pl. 79]
Cochinchine-Touranne- Diverses voilures et positions des Gay-Yew [pl. 80]

Aquarelles de l'album du voyage de la corvette la Favorite
MnM B 178

Inde

***Patamar* de la région de Bombay**
Maquette au 1/50
Fonds PÂRIS
1872
MnM 5 EX 8

Bateau plat de Calicut, côte de Malabar
Maquette au 1/16,6
Fonds PÂRIS
1875
MnM 5 EX 1

Petite pirogue de pêche de Goa, côte de Malabar
Maquette au 1/16,6
Fonds PÂRIS
1874
MnM 5 EX 4

Caboteur de Cochin pour le transport du teck, côte de Malabar
Maquette au 1/25
Fonds PÂRIS
1876
MnM 5 EX 9

Bateau-serpent ou *pamban-manché* du sultan de Travancore, côte de Malabar
Maquette au 1/16,6
Fonds PÂRIS
1874
MnM 5 EX 16

***Pamban-manché*, pirogue de voyage des lacs de Cochin, côte de Malabar**
Maquette au 1/16,6
Fonds PÂRIS
1876
MnM 5 EX 12

***Bandar-manché*, bateau de charge de Cochin, côte de Malabar**
Maquette au 1/125
Fonds PÂRIS
1877
MnM 5 EX 13

Bateau-serpent de Travancore, côte de Malabar
Maquette
Réalisée à la School of Arts à Trivandrum (Kerala)
Avant 1925
MnM 5 EX 17

***Pamban-manché*, ou pirogue de voyage des lacs de Cochin, côte de Malabar**
Maquette au 1/16,6
Fonds PÂRIS
1875
MnM 5 EX 10

Sri Lanka

Bateau double de Colombo, Ceylan
Maquette au 1/16,6
Fonds PÂRIS
1876
MnM 7 EX 1

Pirogue de pêche à balancier [*oruwa*] de Ceylan
Maquette au 1/16,6
Fonds PÂRIS
1848
MnM 7 EX 2

***Dhôni* à balancier, caboteur de Ceylan**
Maquette au 1/16,6
Fonds PÂRIS
1873
MnM 9 EX 5

***Madel Paroowa*, pirogue cousue de Ceylan**
Maquette au 1/16,6
Fonds PÂRIS
1876
MnM 7 EX 4

Côtes de Coromandel et de Golconde

François-Edmond PÂRIS (Paris, 1806-1893)
Sans titre [Un chantier naval sur la côte de Golconde]
1830
Aquarelle sur papier
Voyage de la corvette la Favorite
MnM B 178

***Masula*, ou chelingue de Pondichéry, côte de Coromandel**
Maquette au 1/16,6
Fonds PÂRIS
1873
MnM 9 EX 6

***Dhôni*, caboteur de la côte de Coromandel**
Maquette au 1/16,6
Fonds PÂRIS
1873
MnM 9 EX 4

Catimaron [*kattumaram*] de la côte de Coromandel
Maquette au 1/16,6
Fonds PÂRIS
1846
MnM 9 EX 8

Caboteur de la côte de Coromandel
Maquette au 1/16,6
Fonds PÂRIS
1876
MnM 9 EX 1

Bateau-soulier de Coringui, côte de Golconde
Maquette au 1/16,6
Fonds PÂRIS
1876
MnM 11 EX 1

Bengale

***Dhacca-pulwar*, bateau de passage et de transport du Bengale**
Maquette au 1/16,6
Fonds PÂRIS
1876
MnM 13 EX 4

« Pinnace », navire de voyageurs sur le Gange
Maquette au 1/16,6
Par Emile NOYON
1875
MnM 11 EX 3

***Pansway*, bateau de passage de Calcutta**
Maquette au 1/16,6
Fonds PÂRIS
1876
MnM 11 EX 10

***Patile*, bateau de transport du Gange**
Maquette au 1/16,6
Fonds PÂRIS
1876
MnM 11 EX 4

Pirogue des marécages de l'embouchure du Gange
Maquette au 1/16,6
Fonds PÂRIS
1876
MnM 11 EX 7

Pirogue du Bengale
Maquette au 1/16,6
Fonds PÂRIS
1877
MnM 13 EX 1

Contrepoint : techniques

Goghi de Sylhet (Bangladesh)
Maquette
Par les charpentiers du musée vivant des bateaux traditionnels du Bangladesh
2007
Collection Association Friendship

Badan seyad, petit bateau de pêche de Mascate (Oman)
Maquette au 1/16,6
Fonds PÂRIS
1873
MnM 3 EX 8

Modèle d'étude du système d'assemblage de l'épave Jules-Verne 9
Modèle grandeur nature (échelle 1/1)
Conçu et réalisé par P.Pomey, M. Rival et R. Roman
1995
Collection centre Camille Jullian (Université de Provence-CNRS)

Insulinde

Bateau pilote du détroit de Malacca
Maquette au 1/16,6
Fonds PÂRIS
1877
MnM 13 EX 7

Bateau de Singapour et de Malacca nommé Toucang
Maquette au 1/16,6
Fonds PÂRIS
1874
MnM 13 EX 8

Prao d'Achem
Maquette au 1/16,6
Fonds PÂRIS
1875
MnM 25 EX 6

Bateau de charge de Batavia
Maquette au 1/16.6
Fonds PÂRIS
1876
MnM 25 EX 2

Petite pirogue de Banyou-Wangui, Java
Maquette au 1/16.6
Fonds PÂRIS
1876
MnM 25 EX 8

Pirogue à balancier double de Manado, Célèbes
Maquette au 1/16.6
Fonds PÂRIS
1876
MnM 29 EX 2

Prao de Siantann, Anambas
Maquette au 1/16.6
Fonds PÂRIS
1876
MnM 17 EX 12

Prao Mayang à un mât
Maquette au 1/16,6
1840 et avant
MnM 29 EX 7

Machine à pêcher, Manille
Maquette au 1/16.6
Fonds PÂRIS
1877
MnM 27 EX 6

Contrepoint : Métissage naval en Insulinde

Caboteur de la Laguna près de Manille
Maquette au 1/16,6
Fonds PÂRIS
MnM 27 EX 7

François-Edmond PÂRIS
Sourabaya- Bateaux caboteurs de Sourabaya au mouillage
1831
Aquarelle
Voyage de la corvette la *Favorite*, pl 90
MnM B 178

Lithographies de l' *Essai sur la construction cavale des peuples extra-européens*, 1843
d'après des dessins de François-Edmond PÂRIS
MnM B 46
Prâo-bedouang de Bezouki à la voile [pl. 92]
Toup de Malacca au mouillage et à la voile [pl. 81]
Prao Mayang au plus près du vent [pl. 86]
Prao d'Achem au mouillage et à la voile [pl.77]

Pen Duick IV
Maquette au 1/24
Par Yves GAIGNET
2003
MnM 2003.22.1

Asie du Sud-Est

Laos

Pirogue du Laos
Maquette au 1/16.6
Fonds PÂRIS
1877
MnM 17 EX 14

Vietnam

Sampan de la rivière de Saïgon
Maquette au 1/25
Fonds PÂRIS
1873
MnM 17 EX 3

Radeau du Mékong
Maquette au 1/16.6
Fonds PÂRIS
1877
MnM 17 EX 15

Ghe bau (ou gay bao), bateau annamite à houari
Maquette au 1/50
1872
MnM 17 EX 4

Ghé you (ou gay yew)
Maquette au 1/16,6
Fonds PÂRIS
1872
MnM 17 EX 7

Bateau-panier de Tourane
Maquette au 1/16.6
Fonds PÂRIS
1876
MnM 17 EX 6.

Caboteur du golfe du Tonkin
Maquette au 1/16.6
Fonds PÂRIS
1875
MnM 17 EX 1

Contrepoint : Le bateau au coeur de la spiritualité en Asie du Sud-Est

Jean-Baptiste PIETRI
Voiliers d'Indochine, Saïgon, S.I.LI, 1943
MnM B 1169

Pierre PARIS
Esquisse d'une ethnographie navale des peuples annamites, Hanoi, extrait du *Bulletin des Amis du Vieux Hué, N°4, Octobre-Décembre,* 1942
MnM J 1000

Travaux de recherche de Laura Bogani : la batellerie du Mékong

Maquette de pirogue de course avec décoration - Cambodge - 4 BC.
Maquette d'une pirogue de pêche, Cambodge, 3 BC.
Album de timbres vietnamiens - Vietnam - 1 BV.
Ensemble de bateaux miniatures - Vietnam - 2 BV.
Pièges à poisson – Cambodge - 6 BC.
Râpe, métal et bois, 4 BV.
Bec de corbin, métal, 4 BV.
Trois fers à calfat, métal, 4 BV.
Fer à couper, métal, 4 BV.
Gouge, métal et bois, 5 BV.
Trois fers à tailler, métal et bois, 5 BV.
Rabot, métal et bois, 5 BV.
Echantillons de bois, 8 BV.
Echantillon d'étoupe, de chanvre pour le calfatage, 6 BV.
Poudre de chai, 6 BV.
Mastic, 6 BV.
Bobine de fil, métal, 9 BV.
Deux compas, 9 BV.
Mètre ruban, 9 BV.
Cahiers de relevés de bateaux au Sud-Vietnam et sur le Mékong, 1994, 1995.
Paire d'yeux de *ghé cai*, Vietnam, bois, 2 et 3 BV.
Série de papiers votifs pour la mise à l'eau des bateaux, Vietnam, papier, 7 BV.
Bâtonnets d'encens, Vietnam, fibre végétale, 7 BV.
Boîte à bétel utilisée pour les offrandes sur les bateaux, Vietnam, 8 BV.
Collection Laura Bogani

Chine

Jonque de Canton
Anonyme
Chine, 1ère moitié du XIXe siècle
Aquarelle et gouache sur soie
MnM 15 OA 26

Jonque de Swatow
Maquette au 1/16.6
Fonds PÂRIS
1876
MnM 19 EX 25

Bateau de pêche de Chusan
Maquette au 1/16.6
Fonds PÂRIS
1878
MnM 19 EX 31

François BEAUDOUIN
Bateaux des côtes de France,
Grenoble, Editions des Quatre Seigneurs, 1975
MnM B 3005

Jean LE BOT
Les bateaux des côtes de Bretagne Nord aux derniers jours de la voile
Grenoble, Editions des Quatre Seigneurs, 1976
Collection particulière

Bernard CADORET et alii
Ar Vag : Tome I, Grenoble, Editions des Quatre Seigneurs, 1978
MnM J 9796

Dominique DUVIARD
Groix, l'île des thoniers,
Grenoble, Editions des Quatre Seigneurs, 1978
Collection particulière

Anonyme
Pour le patrimoine maritime de la Bretagne
Quimper, Ar Vag, FRPM, 1980
MnM R 12516

François RENAULT
Bateaux de Normandie, de Granville à Honfleur
Douarnenez, Editions de l'Estran, 1984
MnM J 4770.

Denis-Michel BOËLL
Les Bisquines, chalutiers et ligneurs de Granville à Cancale
Rennes, Le Chasse-Marée, 1989
MnM J 7322.

Le Petit Perroquet , n° 1 à 5, 1970-1971
Grenoble, Edition des Quatre Seigneurs, 1980
MnM J 3959.

Le Chasse Marée, n° 1, 3e trimestre 1981
MnM J 3892.

Lettre de François Vivier à Maryse Guillé
Saint-Nazaire, le 16 octobre 1990
Document François Vivier

Maquette de charpente axiale pour la reconstitution du *Grand Léjon*
Par Jean KERLEAU
Collection particulière

Maquette de forme du Corentin
XXe siècle
Association *Corentin*, le Lougre de l'Odet, Quimper.

Etude de la charpente arrière du Corentin
Par François RENAULT
XXe siècle
Association *Corentin*, le Lougre de l'Odet, Quimper.

François-Edmond PÂRIS
Pêcheur de Loguivy
Crayon, encre sur papier
MnM 7580.

François-Edmond PÂRIS
Paris, 1806-1893
Jeune Edouard de Barfleur
Plan original pour *Souvenirs de Marine Conservés*
Crayon, encre sur papier
MnM 7084.

Série de photos d'élèves à bord de l'Ami Pierre
Tirage sur papier sans négatif
Photographies Nicolas MILLOT.

Maquette de forme de l'Ami Pierre
Echelle 1/12
Par Jean-Pierre LAURENCE
XXe siècle
Conseil général de la Manche-musée maritime de l'île Tatihou

Le Chasse Marée, n° 42, juillet 1989
MnM J 5898.

Yvon LE CORRE
Affiche du concours Bateaux des côtes de France
1989
Collection particulière

Txalupa Handi, embarcation traditionnelle basque de pêche et de navigation voile-aviron
Dossier scientifique de candidature élaboré par l'Association ITSAS BEGIA
1992
Association Itsas Begia

Lougre en baie de Saint-Brieuc
Dossier de mécénat constitué par l'association Le Grand Léjon pour le concours « Bateaux des côtes de France »
1992
Collection MnM

Henry KERISIT
Corentin
La Belle-Angèle
Cap-Sizun
La Granvillaise
Quatre portraits de bateaux
XXe siècle
Estampe
Collection particulière et collection MnM
[don le Chasse-Marée]

1ère page de l'insert
Etienne Sigaut
(1887-1983)
«Sarambau», machine à pêcher
Première moitié du XXe siècle
Tirage baryté
9,2 x 12,5 cm • MnM

Légende page suivante
Alexander Von Humboldt (1769-1859) et Edouard Hocquart (1789-1870)
Le monde ou panorama géographique du globe terrestre (détail)
1854
Gravée par A. Saintin à Paris
78 x 50 cm
Bibliothèque Nationale de France Inv. GEC 8617

Les trois voyages
de Pâris autour du monde
L'Astrolabe 1826-1829
La Favorite 1830-1832
L'Artémise 1837-1840
ANCIEN CONTINENT seul connu des Anciens. Sa population aproximative est de 780 millions d'habitans, dont 150 millions pour l'Europe, 560 millions pour l'Asie, et 120 millions pour l'Afrique
NOUVEAU CONTINENT découvert par Christophe Colomb génois, en 1492
Sa population aproximative est de 80 millions d'habitans
GLACIAL ARCTIQUE
GRAND OCÉAN BORÉAL
GRAND OCÉAN AUSTRAL
OCÉAN ATLANTIQUE BORÉAL
OCÉAN ATLANTIQUE ÉQUINOXIAL
OCÉAN ATLANTIQUE AUSTRAL
MER DES INDES
EUROPE
ASIE
AFRIQUE
AMÉRIQUE SEPTENTRIONALE
AMÉRIQUE MÉRIDIONALE
NOUVELLE HOLLANDE
Tropique du Cancer
ÉQUATEUR
Tropique du Capricorne
MAPPEMONDE
Dressée
SUR LA PROJECTION DE MERCATOR
et contenant
les nouvelles découvertes.

UNE POSTÉRITÉ INATTENDUE Les pirogues à double balancier d'Insulinde, en raison de leurs exceptionnelles capacités nautiques, inspirent aujourd'hui les architectes qui conçoivent les grands trimarans de compétition, comme *Pen Duick IV*, imaginé par Eric Tabarly et André Allègre en 1967-68. Cette démarche pionnière a servi d'exemple, et l'on ne compte plus depuis les trimarans construits en France, en Angleterre ou aux Etats-Unis, pour relever de nouveaux défis sportifs et humains.

← François-Edmond Pâris (1806-1893)
« Sourabaya. Petit Prao Mayang au plus près tribord amure »
Voyage de la Favorite *en 1830, 1831, 1832*
aquarelle
MnM B 178 / PL. 93

↑ François-Edmond Pâris (1806-1893)
« Petites pirogues de Banyou Wanguin »
Voyage de la Favorite *en 1830, 1831, 1832*
aquarelle
MnM B 178 / Pl. 110

← **Caboteur de la Laguna, près de Manille**
1876, bois, bambou et paille • Maquette à l'échelle 1/25 sous la direction de F.-E. Pâris
76,5 x 58 x 79 cm
MnM 27 EX 7

Chine

Au cours de ses campagnes de circumnavigation, F.-E. Pâris visite plusieurs fois le port de Canton, seul port chinois alors ouvert aux Européens. Son étude des bateaux observés sur place lui permet de noter leurs caractéristiques communes : charpente intérieure formée par des cloisons transversales, voile lattée, gouvernail axial de grande taille, coque dépourvue de quille. Il cerne également les difficultés dans lesquelles se débattait la Chine des années 1830 : surpopulation, appauvrissement, tensions ethniques. Canton en donne un aperçu significatif. Les grandes jonques de pêche qui mouillent constamment au large emploient une main-d'œuvre déshéritée qui quitte rarement le bord. Afin de lutter contre le trafic d'opium, des jonques de police se frayent difficilement un passage au milieu des sampans où l'ethnie marginale des Miaos est assignée à vivre, avec interdiction d'aller à terre.

Une intense activité économique est organisée autour du commerce du thé avec l'Angleterre. Des jonques spécialisées dans le transport de cette denrée, reconnaissables à leurs carènes pansues et à leurs roofs qui protègent la précieuse cargaison, arrivent sans cesse dans le port.

En regardant les plans et aquarelles de F.-E. Pâris, on prend conscience de la rigueur et de la justesse de sa méthode, qui tranche nettement avec l'esprit de son époque, enclin à l'exotisme.

← Etienne Sigaut (1887-1983) ***Jonque chinoise sur le Yang Tsé*** 1ère moitié du XXe siècle MnM

↙ François-Edmond Pâris (1806-1893) ***« Province de Canton. Bateau servant à transporter les marchandises et particulièrement le thé »*** *Voyage de la* Favorite *en 1830, 1831, 1832* • aquarelle • MnM B 178 / Pl.60

↑ François-Edmond Pâris (1806-1893) ***« Province de Canton. Bateaux pêcheurs que l'on rencontre au large remorquant deux à deux de grands filets »*** *Voyage de la* Favorite *en 1830, 1831, 1832* • aquarelle MnM B 178 / Pl. 54

SOUS LA PROTECTION DES DIEUX L'ornementation des jonques vise moins à décorer le navire qu'à créer une atmosphère favorable aux divinités de la mer. C'est ainsi que l'on peut voir sur la poupe de la majorité de ces navires un grand phénix aux ailes largement ouvertes. Symbole de renaissance et de vie éternelle, l'oiseau transmet aux jonques ses vertus d'immortalité et les protège des périls maritimes. Le dragon remplace parfois le phénix, monstre bienfaisant qui n'hésite jamais à secourir les humains en difficulté dans la mythologie taoïste.

→ Anonyme **Emblème de jonque chinoise** Chine ou Vietnam Fin du XIXe ou début du XXe siècle • bois polychrome 226 x 186 x 105 cm • MnM 39 EX 21

« L'histoire a souvent… recherché les portraits des hommes, étudié les lieux, les monuments, mais rien ne rappelle ce que fût le navire même aux époques où il joua le plus grand rôle ».

François-Edmond Pâris (1806-1893), *Souvenirs de Marine Conservés*, 1877

Japon

Participant aux travaux de son père, Armand Pâris arrive au Japon en 1868 au tout début de l'ère Meiji. Le pays a vécu replié sur lui-même pendant toute la période Edo (1600-1868), les shoguns Tokugawa n'autorisant qu'un commerce très limité avec les Européens et les Chinois, dans le seul port de Nagasaki.

Les bateaux japonais présentent alors des points communs avec les embarcations chinoises. Les mâts sont placés très en arrière du navire et gréés de voiles carrées ; sur les caboteurs les plus grands, le pont se prolonge de galeries latérales qui courent jusqu'au château arrière.

En cinq siècles, la morphologie des bateaux japonais avait peu évolué, les savoir-faire ancestraux se transmettant oralement. Les techniques d'emboîtage des pièces de bois sont privilégiées pour ne pas offenser les esprits qui habitent la matière. On utilise à la fin du XIXe siècle les mêmes outils qu'au XVIe siècle pour construire les grands caboteurs.

Il faut dire que la conception des bateaux au Japon est subordonnée à une puissante logique de représentation sociale. Les galères sont par excellence les symboles de la grande aristocratie, tandis que les grands caboteurs incarnent le pouvoir économique grandissant de la bourgeoisie marchande d'Osaka. Des bateaux plus petits, d'une grande diversité, servent à la pêche et au transport de passagers.

← Anonyme
Porte sacrée au bord de mer
Carte postale gélatino argentique, 8,7 x 13,8 cm
MnM

↑ Anonyme
« Japanese junk »
Epreuve sur papier albuminé rehaussée de couleurs • 16 x 24,7 cm
MnM

↙ ***Funé*, grand caboteur japonais**
XIXe siècle, bois et fibre végétale • Maquette d'échelle inconnue
183 x 61 x 151 cm
MnM 21 EX 9

REGARDS CROISÉS Chez les graveurs de l'*Ukiyo-e*, comme Hokusai et Hiroshige, les bateaux fondus dans le paysage sont traités comme des éléments de la nature qui contribuent à l'harmonie spirituelle du monde, au même titre que les montagnes, la mer, les îles ou les cieux. En revanche, les navires européens dont la forme et le mode de propulsion suscitent la surprise, prennent une allure monstrueuse et inquiétante. Dans l'ordre symbolique du monde d'Edo, ils paraissent inassimilables et étrangers à la tradition de construction japonaise.

Océanie

Il y a environ 10 000 ans, les ancêtres des peuples actuels sont partis d'Asie du Sud-Est et ont progressivement peuplé les archipels du Pacifique. Les voyages de découverte ont été menés à bord de pirogues à balancier. De grandes pirogues à double coque, à capacité de charge plus importante, ont ensuite permis le peuplement.
Au XIXe siècle, ces deux familles d'embarcations se retrouvent dans cette région du monde partagée entre la Micronésie, la Polynésie et la Mélanésie.
Les archipels de Micronésie ont été découverts par les Européens dès le XVIe siècle. Ces derniers y ont été impressionnés par des pirogues particulièrement rapides et maniables, à voile et à balancier unique, comportant une ou deux plates-formes opposées, très adaptées aux longs voyages inter-îles, qu'ils ont nommées « praos volants ».
En Polynésie, les pirogues doubles ont connu un grand développement. Constituées de deux coques composites assemblées entre elles par un pont, elles portaient une cabine. De construction complexe, elles ont pu être réservées aux chefs ou à un usage sacré, comme celles que James Cook a observées à Tahiti, qui transportaient l'effigie des dieux lors des combats.
En Nouvelle-Zélande, les longues pirogues sans balancier prédominent. Les plus prestigieuses, au décor sculpté, étaient destinées à un usage guerrier.
En Mélanésie, certaines pirogues étaient spécialement conçues pour la haute mer et servaient aux échanges à longue distance. Ainsi en est-il des *tepuke* de l'archipel des Santa Cruz, grandes pirogues à balancier unique, à voile en forme de « pince de crabe ».

LES MYSTÈRES DE LA NAVIGATION Les Micronésiens se servent principalement des étoiles pour naviguer, qui leur donnent la direction vers l'île où ils souhaitent se rendre. Mais, s'il est envisageable d'utiliser cette méthode la nuit, encore faut-il disposer d'informations fiables sur les courants et la houle. Ils imaginent des cartes constituées de coquillages représentant les îles et fixées sur une armature de bois, dont les lignes droites ou courbes indiquent respectivement les courants maritimes et la direction de la houle. Ces cartes sont étudiées et mémorisées avant le voyage, et ne sont pas consultées pendant le déplacement.

← Anonyme
« Embarcation des Fidji »
Dernier quart du XIXe siècle • Epreuve sur papier albuminée extraite d'un album photographique
MnM 2008.10.1.108

↖ **Carte de navigation**
Bois, stipes de cocotier, fibre végétale, coquillages
Musée du Quai Branly

↑ Louis Lebreton (1818-1866)
« Pirogue double, île Vavao »
Lithographie in *Voyage au Pôle Sud et en Océanie 1837-1840 1846* • MnM B 199

↖ ***Prao* de Satawal, archipel des Carolines**
1841, bois et fibre végétale
Maquette à l'échelle 1/16,6 sous la direction de F.-E. Pâris • 62,5 x 49 x 61 cm
MnM 33 EX 10

Les Amériques

L'immense territoire des Amériques a vu se développer des cultures nautiques très variées, appartenant à deux univers principaux, celui des autochtones et celui des populations d'origine européenne. L'amiral Pâris n'en a que très partiellement rendu compte en raison de la rareté de ses escales sur ce continent.

Pour l'Amérique du Nord, sur le littoral du Pacifique nord, de grandes pirogues de mer monoxyles, sculptées dans les troncs des cèdres rouges de la région, étaient utilisées pour la chasse, la pêche, le transport ou la guerre. L'est du Canada et la région des Grands Lacs ont vu l'épanouissement des canots d'écorce, en usage sur les rivières et les lacs. Les populations de l'Arctique se sont servis des peaux d'animaux marins cousues et tendues sur des armatures de bois : de la Sibérie au Groenland, les *kayak* servaient à chasser et pêcher, et les *umiak* au transport des biens et des personnes pendant les migrations saisonnières.

En Amérique du Sud, différents types de radeaux de mer ont été en usage comme ceux destinés au transport le long du littoral de l'Équateur et du Pérou ou les *jangada* de pêche au Brésil. Un curieux flotteur fabriqué à partir de deux outres de peaux gonflées, très adapté au passage de la barre, était utilisé sur la côte du Chili. Enfin, plusieurs bateaux utilisés à Rio de Janeiro, Montevideo ou sur le Rio de la Plata comme bateaux de passage et de service, témoignent de traditions architecturales importées d'Europe.

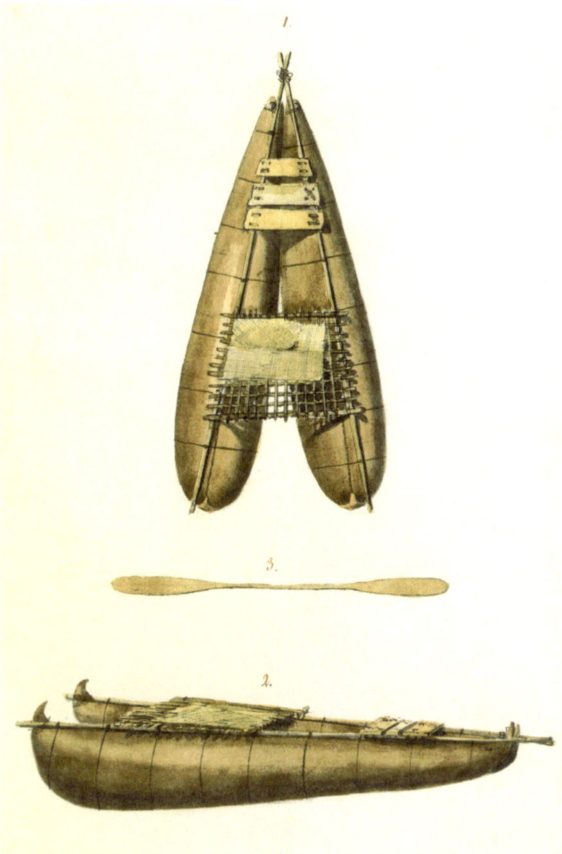

↙ François-Edmond Pâris (1806-1893)
«Pirogues de Valparaiso»
Voyage de la corvette la Favorite *en 1830,1831, 1832,* aquarelle • MnM B178 / Pl. 111

← François-Edmond Pâris (1806-1893)
«Balse des Intermedios Chili»
Plan échelle 1/10
Voyage de la Favorite *en 1830, 1831, 1832,* aquarelle
MnM B 178 / Pl. 112

↙ **Canoë dit «des Indiens Naas»**
Colombie britannique
Avant 1856, bois évidé et peint • Modèle de fabrication autochtone
42 x 9 x 9,5 cm
MnM 37 EX 2

↓ **Canoë Huron-Wendat**
Canada
Avant 1826, écorce de bouleau, broderie de poils d'élan teints
Modèle de fabrication autochtone • 20 x 9 x 7 cm
MnM 1 BF 13

↓ ***Umiak***
Groenland
XIXe siècle
Bois et peau cousue
Modèle de fabrication autochtone
101 x 18,5 x 14 cm
MnM 1 BS 18

CHASSEURS DE L'EST DU GROENLAND Pour le chasseur Inuit, le *kayak* était avant tout un instrument de chasse qui l'accompagnait toute sa vie. Peu à peu, leur mode de fabrication a évolué. La forme de la charpente est restée la même mais les matériaux ont changé : lattes industrielles, vis métalliques et fils de nylon ont remplacé le bois de flottage, les chevilles en bois et les tendons de phoque. Au cours du XXe siècle, les *kayak* ont été progressivement remplacés par des bateaux motorisés.

« Les allèges employées jadis en grand nombre au transport des bois de construction du Rhône, des pierres d'Arles et des fourrages, ont totalement disparu depuis les chemins de fer »

François-Edmond Pâris (1806-1893), *Souvenirs de Marine Conservés*, 1877

Europe

Au XIXe siècle, de la mer de Norvège à la mer Noire, on recense en Europe une immense variété de bateaux de travail, de commerce et de passage. Cette profusion n'est pas moindre que dans d'autres parties du globe. Bateaux bordés à clin* ou à franc-bord*, équipés de gréements de différents genres portant des voiles carrées, auriques ou latines, chacun d'entre eux témoigne de particularismes géographiques et économiques. Le remplacement progressif de la propulsion à la voile par différentes formes de motorisation conduit à une modification des bateaux. Par ailleurs, l'aménagement des réseaux routiers et ferroviaires provoque une disparition des embarcations qui transportaient les denrées et les marchandises de port en port.

* Bordé à clin : planches recouvertes partiellement comme les tuiles d'un toit.

* Bordé à franc-bord : planches disposées bord contre bord.

LAGUNE DE VENISE Concernant Venise, Pâris ne se contente pas de représenter la gondole emblématique, mais également le *bragozzo* avec lequel les pêcheurs de Chioggia traquent le poisson dans toute l'Adriatique, et les principaux types de caboteurs : *rascona*, long chaland avec son gouvernail latéral caractéristique, *trabac* ou *trabaccolo*, gréé de deux voiles au tiers bômées au décor multicolore complétées de deux focs, caboteur dont le type s'est répandu dans toute l'Adriatique.

← Carlo Naya (1816-1882)
« Bragozzo à Venise »
1ère moitié du XIXe siècle
Épreuve sur papier albuminé • 26,4 x 34,5 cm
MnM 2006.5.21.

↗ ***Aristide*, bateau vivier de Paimpol**
1876, bois, fibres végétales
Maquette à l'échelle 1/25
100 x 20 x 88,5 cm
MnM 1 CP 16

↑ **Bateau de pêche norvégien de Trondheim**
1873, bois • Maquette échelle 1/16 • 67,5 x 15 x 56 cm • MnM 7 CP 8

↑ ***Muleta* du Tage**
Avant 1893, bois et fibres végétales • Maquette à l'échelle 1/30 • 106,5 x 15 x 72 cm • MnM 9 CP 1

→ ***Trabacolo*, caboteur de l'Adriatique**
1883, bois, fibres végétales, métal • Maquette à l'échelle 1/25 • 88,5 x 118,5 x 26 cm
MnM 13 CP 5

« [le bateau représente] … le plus beau chef d'œuvre de l'esprit humain; aucun monument, aucune invention n'égalent son merveilleux ensemble; et, quoique devenu vulgaire, comme tout ce que l'on voit journellement, il n'en mérite pas moins l'admiration que l'on prodigue si facilement à d'autres objets »

Pâris, *Essai sur la construction navale des peuples extra-européens*, 1843, p.2.

Le renouveau

À partir des années 1970, la réutilisation d'anciens bateaux de travail dans le cadre de projets éducatifs et culturels aboutit à leur sauvetage puis à leur restauration avec un souci croissant d'authenticité.
Des chercheurs et des passionnés se lancent dans des études approfondies menant à une série de publications de référence, parmi lesquelles *Bateaux des Côtes de France* (1975), de François Beaudouin ou *Ar Vag* (1978), autour de Bernard Cadoret.
Une revue, *Le Chasse-Marée*, paraît pour les amateurs en 1981.
Des associations pilotent des projets de reconstitution d'envergure, aidées par les architectes navals. La documentation qu'elles rassemblent s'appuie sur des témoignages d'anciens marins, des cartes postales anciennes mais aussi sur les plans de l'amiral Pâris. Secondé par son fils Armand et un réseau de correspondants, Pâris s'était aussi attaché à l'étude des bateaux des côtes de France.
En effet, la diversité du littoral français de la Méditerranée à la mer du Nord en passant par l'océan Atlantique et la Manche favorisa l'éclosion d'une grande variété de types de bateaux présentant de nombreuses particularités locales : formes de carènes ou de gréements. Ainsi, en Méditerranée la voile latine* est utilisée aussi bien pour de petits bateaux d'étang que sur de grands caboteurs. Sur les côtes de l'Atlantique et de la Manche, la voile au tiers qui prédomine aux XVIIIe et XIXe siècle, est remplacée ensuite par des voiles auriques*.

* Voile latine : voile triangulaire fixée sur une antenne.

* Voile aurique: voile axiale de forme trapézoïdale.

→ ***Corentin,*** le lougre de L'Odet construit à Quimper, naviguant dans le cadre des fêtes de 1992

BREST 92 En 1989, la revue *Le Chasse-marée* lance un concours national intitulé «Bateaux des côtes de France»: il faut reconstituer 100 bateaux disparus pour 1992. L'objectif est de provoquer l'émulation et d'organiser un événement qui fasse date dans la rade de Brest. À l'exemple de la *bisquine* lancée dès 1987 à Cancale, les projets de répliques ou de reconstitutions menés à bien permettront de faire revivre un patrimoine menacé d'oubli.
Fondées sur des recherches historiques rigoureuses, mobilisant des partenaires associatifs, des collectivités publiques et des acteurs économiques, ces entreprises font aussi perdurer les savoir-faire des charpentiers de marine.